Bravo! Mein Aladin.

PETER R. POLLMANN
Dichter, Blogger, Videomacher & Rezitator.
Lebt in Köln.

Ich habe mich geoutet. Vor 42 Jahren. Immerhin.
Noch heute kommen Menschen lächelnd auf mich zu.
Sie sagen stolz, sie hätten kein Problem damit. Im
selben Atemzug jedoch beteuern sie: *Ich bin* nicht
schwul. Mach dir das klar. Denn unter vielen, Aladin,
war das ein Grund, dies Buch zu schreiben.

Peter R. Pollmann

Bravo! Mein Aladin.
Ein Liebesgeschichte. Echt *schwul.*

Prosa

Bibliografische Information der Deutschen
Nationalbibliothek:
Die Deutsche Nationalbibliothek verzeichnet diese
Publikation in der Deutschen Nationalbibliografie;
detaillierte bibliografische Daten sind im Internet über
http://dnb.dnb.de abrufbar.

© 2022 Peter R. Pollmann

Herstellung und Verlag: BoD – Books on Demand,
Norderstedt

ISBN: 978-3-7557-9497-4

Für mich.

Keeping fair with the customs,
speaking not a syllable of itself,
Speaking of anything else,
but never of itself.

- WALT WHITMAN, *Song Of The Open Road*

..., que j'ai voulu mourir, que j'ai eu mon plus grand
amour, pour une femme qui ne me plaisait pas,
qui n'était pas mon genre!

- MARCEL PROUST, *Un amour de Swann*

ARIA

Bravo

Ich zeige mich. Aggressiv. Ich kenne kein Ziel. Ich liege gut in der Kurve. Ständiger Wechsel. Das ist meine Spezialität. Ja. Hier bin ich zu Hause. Ich vermische mich nicht. Das dauert mir einfach zu lange. Ich drücke aufs Gas. Ich hebe mich ab. Ich stelle jeden Weltrekord ein. Du verziehst deinen Mund. Du hältst meine Worte für überheblich. Und dem stimme ich zu. Lebhaft.

14. Juni 2021

VARIATION I - CIX

Beileid

Es gibt keine Stunde der Wahrheit. Du bringst deine Sache niemals zu Ende. Das tun andere für dich. Hier kommen die höheren Mächte ins Spiel. Sie geben sich geheimnisvoll. Die Wächter. Sie ziehen die Fäden. Sie bilden sich viel darauf ein. Sie lassen dich auflaufen. Sie stellen dich kalt. Du bemühst dich vergeblich. Also mach mich nicht länger verrückt.

15. Juni 2021

Bonbon

Kleine Geschenke bewahren die Freundschaft. Doch lass dich nicht täuschen. Das ist Kalkül. Ich versuche dich bei der Stange zu halten. Du bist mein Ernährer. Ich decke den Tisch. Die Wörter. Sie häufen sich zwischen uns an. Sie türmen sich auf. Das macht sie vergänglich. Die Zeit, die wir miteinander verbringen, ist ohne Bedeutung. Das macht sie brisant.

16. Juni 2021

Bedenken

Ihr würdet mich einschüchtern. Und mir ist nicht danach, mich gehen zu lassen. Ich habe genug vergiftete Worte gefressen. Diese fettigen Machbarkeitsstudien stoßen mir heute noch auf. Da wird einem übel. Das macht einen krank. Ich bin der Bewahrer. Ich trete nicht nach. Ich empfehle mich auf französisch. Ich denke, mein Verhältnis zu Fehlern ist damit geklärt.

17. Juni 2021

Löwe

Da braut sich was zusammen. Ich kann dich riechen. Ich kenne dein Gesicht. Ich mache mir bereits Gedanken über uns. Ich beiße mich dabei nicht fest. Es ist dein Spiel. Der Augenblick, bevor du meinen Traum von dir verlässt, bleibt immer unvergesslich wie der erste Kuss. Weil uns die Wirklichkeit auf ihre Art beweist, dass wir nicht ganz und gar verdorben sind.

18. Juni 2021

Buhlen

Ich mache mir Vorwürfe. Bestimmt. Ich gebe mir Mühe. Ich befolge die Regeln. Ich halte den Mund. Was soll ich dir sagen. Ich ziehe den Kürzeren. Tja. Das Leben verspürt diesen Drang. Es will ans Licht. Es juckt mich gnädig in den Fingern. Ich kann dich beim besten Willen nicht schonen. Du bist zur richtigen Zeit am richtigen Ort. Ständig.

19. Juni 2021

Orakel

Ich bin glücklich. Ich lebe im Paradies. Ich drücke
mich nicht. Ich lasse dich los. Ich bin der Rivale.
Ich fordere Botschaften offen heraus. Ich wildere
in deinem Revier. Du hast die Weisheit mit Löffeln
gefressen. Du hast dich verschanzt. Das ist dein
Verhängnis. Du muffelst. Du sitzt in der Falle. Du
bist die Karikatur einer Mumie.

20. Juni 2021

DEAL

Die steinalten Männer schreien sich heiser. Sie sind wie besessen. Sie spüren den Schmerz, den Tod in den Schläfen. Sie zappeln vor Ungeduld. Knallrote Linien wehen im Wind. Dem Gelächter der Eistaucher folgt die Stille davor. Vier halbnackte Freibeuter hocken am Bachbett. Sie baden die Füße. Genüsslich. Sie prosten mir zu. Meine Zeit ist gekommen. Der Wettersturz kündigt mich an.

21. Juni 2021

Level

Ich löse das Problem, indem ich es ignoriere. Die von Verdrängung reden, machen sich was vor. Sie betonieren deine Seele ein, bevor sie dich ins Wasser schmeißen. Das ist bestialisch. Das ist gemein. Das Schicksal stellt uns keine Hausaufgaben. Alle Wege führen nach Rom. Ich wähle den, der mich am wenigsten beschränkt. Das ist genial. Das ist verdächtig. Ich habe mich lieb.

22. Juni 2021

Neopren

Ich reite die Welle. Sie antwortet mir. Ich lasse mich führen. Was ich auch tue, ich wage das volle Programm. Das ist unvermeidlich. Ja. Das ist von Bedeutung. Du befindest dich immer im Recht. Ich verliere dich nie aus den Augen. Wir setzen auf Sieg. Beide. Dabei ist nichts zu gewinnen. Wir sehen nur unverschämt gut darin aus.

23. Juni 2021

Marokko

Magische Klänge. Magische Orte. Sie fälschen mir meine Erinnerung. Als hätte ich irgendwo anders ein Leben geführt, von dem ich nichts weiß. Du veränderst mich laufend und legst dabei eine Lässigkeit an den Tag, die fast unverschämt klingt. Deine Haare, die krausen, sie erzählen von uns. Du wirkst hinreißend. Freund. Aber wem sage ich das.

24. Juni 2021

Mars

Ich werde in der Sonne schwimmen. Ich werde mich verbrennen lassen. Ich werde deinen Namen tanzen, bis rohe Haut, die dich erwartet, in Fetzen von den Schultern hängt. Ich mache mir die Hände schmutzig. Mit jedem Blick. Mit jedem Wort. Das bringt die Unschuld auf den Plan. Sie kommt ins Grübeln. Sie büßt an Selbstvertrauen ein. Ich bin ihr ärgster Konkurrent.

25. Juni 2021

Parasit

Sie sind auffallend blass. Ihre Lippen. Ein Strich.
Geöffnete Hosen. Sie versprechen sich nichts. Im
Flutlicht einer Zigarette wird jede Sünde selbst-
verständlich. Vor allen Dingen, wenn der Mond
sich duckt. Ich weiß, wovon ich rede. Ich lebe
mich in Hinterhöfen aus. Ich liebe das Gemurmel
scheuer Vögel. Du triffst mich hier. Ich atme.
Schneller als erhofft. Und tiefer als erlaubt.

26. Juni 2021

Sorge

Dein Mitgefühl ist rührend. Du kümmerst dich um mich. Du hältst mir die Probleme warm. Das macht sie unerträglich. Mensch. Die feuchte Erde, die mich trägt, vertröstet meine Liebe nicht auf später. Sie sagt, es reicht. Greif zu. Ich fürchte keine bessere Welt. Ich küsse deine Lippen sanft. Das ist der Abschied. Denn eine Zukunft, die dich an der Leine führen müsste, hat einfach keinen Platz in meinem Herzen.

27. Juni 2021

Panik

Jetzt heißt jetzt. Und hier bedeutet sofort. Ich greife zur Klinge. Ich schneide mich wach. Ich empfange den Absturz wie meinen Geliebten. So wie die Sonne den Horizont färbt, falls der Morgen sich aufmacht, uns das Fürchten zu lehren. Das ist der Anfang. Stunde Null. Ich blase dir keinen Zucker mehr in den Arsch. Es liegt Verrat in der Luft.

28. Juni 2021

Hitze

Ich muss weitermachen. Ich bin mein einziger
Zeuge. Wenn ich nur einen Tag aussetze, ist es zu
spät. Ich kann ihre Lügen schon hören. Sie
reimen sich prächtig. Sie streicheln sich schön.
Sie brechen den Stab über uns. Die Romanzen.
Das werde ich keinesfalls zulassen. Ich trage die
Ungeduld offen zur Schau. Ich bleibe konkret.
Jeder beliebige Ort ist Illusion.

29. Juni 2021

Trip

Du ergreifst die Initiative. Du führst mich nicht vor. Du schlägst meine Schwächen mit leichter Hand in die Flucht. Das kann doch kein Zufall mehr sein. Du hast mich erhört. Ich sprach wohl von dir während ich schlief. Ich war so gespannt, wie es sich anfühlen würde, dir zu begegnen. Nun bin ich mir sicher. Der tote Punkt ist erreicht.

30. Juni 2021

Relax

Was glaubst du denn. Ich leiere mir jeden Tag ein Gedicht aus den Rippen. Ich will dich verwirren. Ich will dich erobern. Mein Herz. Das ist doch vollkommen klar. Ich bagger dich an. Ich will, dass du deine Ideale modifizierst. Du bist nie dem Gedanken verfallen, Nägel mit Köpfen zu machen. Das ist zwar bedauerlich. Doch diese Nacht gehörst du in mein Bett.

1. Juli 2021

Matte

Ich schwitze. Ich wühle in meinem Gedächtnis. Aber es findet sich einfach keine Schablone, die dir gerecht werden könnte. Das Leben. Das Gute hat völlig vergessen, mich auf dich vorzubereiten. Du küsst meine sensibelste Stelle. Ich halte kein Vorurteil gegen dich in der Hand. Das wirft mich zurück. Das macht mich zum blutigen Anfänger, wenn ich es mir recht überlege.

2. Juli 2021

Futon

Nenn mich korrupt. Dem widerspreche ich nicht. Ich setze auf deine Großzügigkeit. Wenn die Optik nur stimmt, erwarte ich innere Mängel. Ein reiner Charakter. Der schläfert mich ein. Ich schwanke. Ich quatsche. Ich brauche die lenkende Hand. Sonst mache ich Unsinn. Sonst verliere ich mich aus dem Blick. Und das wäre fatal. Dummerweise habe ich selbst, was deine Manieren betrifft, glasklare Vorstellungen. Ich liege gern hart.

3. Juli 2021

Dispo

Alles, was unmittelbar vor dem Erwachen ge-
schieht, bleibt unter uns. Die Bitte um Nachsicht.
Die Hoffnung auf mehr. Die Erkenntnis, dass ein
Traum nur den Platz eines anderen einnehmen
wird. Die stumme Erschöpfung. Die ziellose Wut.
Wie groß ist deine Erleichterung dann, wenn eine
vertraute Stimme dich anspricht, dich aufweckt.
Obwohl du sie dafür bezahlst. Sie gibt dir nicht
recht.

4. Juli 2021

Grün

Nichts gegen Bestseller. Ich mag Sex. Das wird dich jetzt kaum überraschen. Aber ich lasse mir ungern vorschreiben, auf welcher Party genau ich mich herumtreiben soll. Ehrlich gesagt, leide ich unter einer hässlichen Allergie gegen Bodybuilder. Sie rasieren die Achseln. Sie tragen dick auf. Sie müssen in jedem Licht glänzen. Mir sind Boxershorts lieber. Da achte ich auf die Musik.

5. Juli 2021

Amazon

Nun sieh mich nicht so traurig an. Wenn wir nur
fest genug daran glauben, leben wir ewig. Wir
sind eben schamlos. Wir verschließen die Augen.
Wir legen den Hunger auf Eis. Wir schleimen. Wir
beißen uns hartnäckig durch. Wir lösen uns bis
zur Unkenntlichkeit auf. Das findet kein Ende.
Bestimmt nicht. Mein Freund. Das ist die wahre
Verheißung. Jede einzelne Hintertür macht sich
bezahlt.

6. Juli 2021

Natron

Mein Hirn liegt sich den Rücken wund. Es starrt an die Decke. Es büßt seine windigen Ausritte von einst. Die goldenen Zeiten erscheinen uns vage. Das Entscheidende bleibt unauffindbar. Als hätte es nie auf der Karte gestanden. Mein Schwanz sehnt sich nach Freigang. Einmal noch rund um den Block. Aber ja doch. Er macht sich so seine Gedanken darüber. Größere Ansprüche stelle ich dabei nicht.

7. Juli 2021

Bilanz

Die Sonne geht auf. Die Sonne geht unter. Du kratzt dich am Sack. Und das Jahr ist vorbei. Du nagst mürrisch an alten Parolen. Dein Bauchnabel hält sich bedeckt. Fett. Du kannst nicht begreifen, wie du es nur aushalten konntest, in deiner Gesellschaft zu existieren. Du wirkst abschreckend mutlos. Mein Herz. Was noch auf dich zukommen wird. Ja. Es hat allen Grund, dich zu bedauern.

8. Juli 2021

Horoskop

Nur ein falscher Schritt irgendwann vorher und ich hätte dich glatt übersehen. Nur ein einziger Mann weniger, den ich verbissen zum Höhepunkt brachte, und alles wäre beim alten geblieben. Ich hätte nicht erkannt, dass du allein in der Lage bist, mich zu bezwingen. Die Geheimnisse wissen Bescheid. Sie erobern uns nüchtern. Das allein ist dein Glück. Ich fühle mich so lebendig wie nie.

9. Juli 2021

QR

Ich erreiche den Punkt, an dem ich mir sage, das Leben ist kurz. Der Abschied tut weh. Die Lust verschenkt keinen Kredit. Also machst du den Mund auf. Und runter damit. Ich verstoße, wie immer, bewusst gegen ärztlichen Rat. Das ist eine Frage der Philosophie. Ich glaube auch nicht an das jüngste Gericht. Aber wenn es schon sein muss, dann steigen wir lieber gleich in den Ring.

10. Juli 2021

Granatapfel

Eigentlich dachte ich, damit ist es vorbei. Das hat sich erübrigt. Ich finde mich ab. Und plötzlich bin ich mal wieder verliebt. Zwei, drei unverbindliche Wörter reichen da vollkommen aus. Wir blieben auf Abstand. Wir sprechen gewöhnlich maskiert. Das beruhigt meine Seele. Das lässt Phallus nicht los. Du. Ich rauche. Ich verpeste den Dschungel. Archaische Rhythmen. Sie treiben mich wüst in den Schlaf.

11. Juli 2021

Easy

Du brauchst keine Fürsprecher. Dein Zögern verträgt sich mit mir. Deine Hinterlist übrigens auch. Sie macht dich sympathisch. Sie stößt mich ins Staunen. Sie bringt mir den Kribbel zurück. Wir sind bei der Sache. Ja. Wir beschäftigen uns. Wir bleiben die Bösen. Wir stöbern im Unrat. Das ist nicht als Belohnung gedacht. Nein. Das ist ein Geständnis. Du bist der Augenblick meiner Wahl.

12. Juli 2021

Muse

Ich bin gut zu dir. Ich möchte doch nicht, dass du mich verlässt. Allerdings muss ich dich warnen. Der Realismus ist bis über beide Ohren verknallt. Er ist machtlos dagegen. Die Perspektive verdreht ihm ständig das Köpfchen. Ich denke, aus diesem Grund werden alle Entscheidungen mehr oder weniger unüberlegt unter den Teppich gekehrt. Das scheint wahrscheinlich. Die Antwort stinkt grässlich. Wie aber gehen wir damit um.

13. Juli 2021

Absteige

Positive Wendungen. Sie belasten den Kreislauf. Festhalten, Liebster, ist nur ein Reflex, der sich hoffnungslos irrt. Es bleibt demnach ratsam, im Nebel zu joggen. Sonst trifft dich womöglich der Schlag, wenn du einsiehst, dass deine Zukunft dir exakt in diesem Moment ihr Gesicht zeigt. Und das wäre doch eigentlich schade. Ich meine, um uns. Jetzt. Oder nie.

14. Juli 2021

Stalking

Die Reue ist zäh. Sie sucht meine Nähe. Sie will
den Kontakt. Das ist ihr Makel. Die Reue ist stolz.
Sie lässt sich viel zu viel Zeit. Sie kommt ständig
zu spät. Und weil ich das weiß, entwische ich ihr.
Ich tausche den Reiter also früh genug aus. Nein.
Es gibt keinen schöneren Platz auf der Welt.

15. Juli 2021

Selfie

Für wen hältst du dich. Wie kommst du dazu, mir zu entwischen. Ich bin reif für den Abschuss. Du findest mich auf der Straße. Wo sonst. Du musst dich nur bücken. Ich passe in jede Hosentasche. Die Möglichkeit schließt uns nicht aus. Sie lächelt dich hartnäckig an. Nur die bescheidenen Zugriffe. Sie wachsen ihr über den Kopf. Wie du siehst. Ganz allmählich.

16. Juli 2021

Spanner

Hier flutscht manches über die Theke. Ich kann mich nicht ernsthaft an jeden Kuss erinnern, bei dem sich ein Laubfrosch die Lippen verbrannte. Das kommt eben vor. Ja. Ich bin von Natur aus gesellig und reagiere äußerst empfindlich auf Druck. Ich bin explosiv. Ich neige dazu, auch das zu vergessen. Mein Blutdruck ist krass. Echt. Den giftgrünen Teppich rollen weitaus Hübschere, als du dir erträumst, für mich aus.

17. Juli 2021

Showtime

Wir müssen gut aufpassen. Wir bleiben nicht unter uns. Du machst dir kein Bild davon, wie es hier zugeht. Zwischen drei und sechs in der Früh kommt der Teufel vorbei. Er verschafft sich den Zutritt mit roher Gewalt. Er zwingt mich dazu. Ich brächte doch niemals den Mut auf, zu leugnen. Hör weg. Sieh nicht hin. Das ist deine Rettung.

18. Juli 2021

Öhrchen

Du grinst wie ein Kaiser. Mein Freund. Du pflegst deinen Schnurrbart. Du wühlst im Gemüse. Du stapelst die Flaschen. Du wirfst hemmungslos Eiswürfel in den Kaffee. Nur der Gedanke, dass meine Wörter sich viel lieber unter der Gürtellinie mit dir verabreden würden, verbindet uns nie. Ich bin ein Gedicht. Ich lalle im Fieber. Der Klartext verweigert sich mir.

19. Juli 2021

Schärfer

Das war vielleicht eine Nacht. Ich ringe noch immer um Luft. Ich hänge im Fenster. Ich schreie mein Glück auf die Straße hinaus. Ich will doch, dass alle, ja alle, es wissen. Ich deute hier nicht bloß die Tatsachen an, um die uns die Spanner, die Schweine beneiden. Ich war auf der Flucht. Du hast mich gestellt. Das ist das perfekte Verbrechen.

20. Juli 2021

Angeln

Ruhig bleiben. Weggucken. Abwarten. Leine lassen. Er soll sich in Sicherheit wiegen. Er muss den Köder doch erst einmal schlucken. Das ist der Haken. Wir halten den Ball in der Schwebe; bis du es kaum noch erträgst. Eine feine Sache ist das. Alles braucht seine Zeit. Vorsicht. Pass auf. Noch ist der Hecht nicht in trockenen Tüchern.

21. Juli 2021

Protein

Die Wörter erkennen sich kaum. Sie schleppen mich über den Tag. Sie sind müde. Sie wollen endlich mal ausschlafen können. Sie träumen davon, nie wieder wach werden zu müssen. Sie haben die Schnauze, die geile, gestrichen voll. Kreise schließen sich nicht. Das ist wahr. Es sieht nur verdammt danach aus. Also tust du dir selbst den Gefallen und leckst mich verbissen am Arsch. Das vitalisiert.

22. Juli 2021

Sirenen

Die Krähen sind klüger. Die schauen voraus. Die verstecken die Nüsse für später. Wir beide hatten nicht den Hauch einer Chance. Aber ja. Mir fällt keine andere Ausrede ein. Ich lasse nichts auf dem Teller zurück. Ich lege es stets darauf an. Ich denke, es fehlt mir an Zielstrebigkeit. Doch. Ich weiche dir aus. Und das geschieht mir ganz recht.

23. Juli 2021

Koma

Mein Arzt ist äußerst zufrieden. Er ist ein Genie. Er hat mir die bitteren Pillen verschrieben. Dreimal täglich. Und zwischendurch nach Bedarf. Ich bin tadellos eingestellt. Es läuft doch fantastisch mit uns. Meine Bedürfnisse. Du. Sie fallen kaum ins Gewicht. Essen. Trinken. Schlafen. Kacken. Pissen. Kein Sex. Großer Gott. Ich funktioniere. Das ist doch die Hauptsache. Ich springe dir nicht an die Gurgel.

24. Juli 2021

First Class

Bitte nicht stören. Sonntag ist frei. Eine Woche lang lebe ich darauf hin. Ich trage Pantoffeln. Ich schwinge den Slip. Ich blase die Kondome auf. Ich lache mich lustig. Ich qualme. Ich saufe. Wir zwei. Ich erkläre mein Herz zum offenen Hafen. All eure Gurken, die strammen, mir nach. Hier rollen die Tränen vor Geilheit. Mein Freund. Wir sehen uns morgen. Zum Glück.

25. Juli 2021

Montag

Ich treibe im Gartenpool einer herrlichen Villa.
Die Matratze ist pink. Ich bin wie bekifft. Ich zähle
die Küsse. Die goldigen Dinger. Sie schmecken
nach Pfeffer. Exotische Schirmchen, sie zwinkern
mir aufmunternd zu. Der lebhafte Wind allein
weiß, was uns da im Schatten noch alles erwartet.
Ich denke dich mit, wie du siehst. Sonst fände ich
nie in den Sommer zurück.

26. Juli 2021

Plakat

Die Spitze. Sie steckt in den Wolken. Sie hat sich verheddert. Sie fühlt sich beschissen. Die dünne Luft macht ihr ganz offensichtlich zu schaffen. Sie streckt ihren Körper. Sie will höher hinaus. Das Atmen. Es fällt dir mit jedem Wort schwerer. Du bekommst deinen Schwanz einfach nicht in den Griff. Denn was du auch von dir gibst, Freund, du bleibst eine Ankündigung.

27. Juli 2021

Eros

Sie sind unterwegs. Du hörst ihren Flügelschlag
jede einzelne Nacht. Das ist kein Traum. Liebster.
Sie befinden sich längst auf der Suche nach dir.
Du kannst sie nicht täuschen. Sie erkennen dich
wieder. Sie werden dich stellen. Du wirst sie nicht
los. Du bleibst der Gejagte. Gib auf. Die Worte
sind einfach. Ich will, dass du sie aussprichst. Er
hat Macht über uns. Gott sei dank.

28. Juli 2021

Abitur

Du hast vollkommen recht. Ich verschwende mich gern. Es spricht auch gar nichts dagegen. Deinen Körper nehme ich mit. Da fällt mir ganz sicher was ein. Vielen Dank. Deine Seele. Du kannst sie behalten. An Abschlüssen, Träumer, bin ich nicht interessiert. Ich will mich bewähren. Ich lege die Hand an. Mein Leben. Wir unternehmen die Reise auf eigene Faust. Ich prüfe mich selbst. Aber ja.

29. Juli 2021

Terror

Glückselige Fressen, wohin du auch blickst. Die ganze Welt wabert im Einklang mit sich. Sie hat Anspruch auf Urlaub. Das ist mehr als genug. Du machst dir Gedanken. Du ziehst deine Nummer. Du demonstrierst vor der Glotze, wie wehrlos du bist. Du entmündigst das Unrecht. Sein Ausmaß schockiert. Dein Mitgefühl kennt seine Grenzen. Nur Traurigkeit wickelt dich ein.

30. Juli 2021

Fehler

Ja. Ich vergifte dein Essen. Dir werfe ich Knüppel zwischen die Schenkel, bis deine Konzepte, die haarigen, forschen, ins Stottern geraten. Du tickst wie ein Uhrwerk. Ich will, dass du aufschlägst. Du nagst mir am Herzen. Das macht es dir leichter. Du lächelst. Verdammter. Du laberst. Du schiebst mich beiseite. Du rennst unverzagt gegen dich an.

31. Juli 2021

Bingo

Ich bewege mich langsam. Das ist eine Kunst. Ich stecke mir grellbunte Federn ins Haar. Ich trage geblümte Krawatten. Ich lasse mein Glück von der Leine. Es schnüffelt. Es wedelt. Es folgt deiner Fährte. Giraffe, mit dem Eigensinn eines Löwen. Ich weiß, du lässt dich nicht zähmen. Ich weiß aber auch, du deckst dich mit Vorräten ein.

1. August 2021

Anonym

Deine Mama hat dich belogen. Du schielst. Du hast den Absprung verpasst. Du nuckelst am Daumen. Am Fläschchen. Du saugst. Du machst artig dein Bäuerchen. Du scheißt dir die Windeln voll. Am laufenden Band schreist du nach Honig. Du sitzt. Du bleibst auf der sicheren Seite. Wie hübsch. Du trägst grüne Socken. Das überzeugt. Die Wildlederjacke. Sie ist echt wie geschaffen für dich.

3. August 2021

Kiste

Ich bin korrumpierbar. Auf wichsglattem Leder falle gern einmal auf die Schnauze und hauche dann Dinge, die ich später bereue. Das weißt du. Wie furchtbar. Ich weiß. Das ist mittlerweile dein Vorteil. Ich lecke dir ungeschminkt dein Gesicht. Der Lack eben ist ab. Daddy würde stolz auf dich sein. Er wusste doch gleich, dass du zu nichts besserem taugst.

4. August 2021

Teddy

Das sind Phantomschmerzen. Du hast nichts zu befürchten. In deinen Adern fließt flüssiges Eisen. Du bist eine Kämpfernatur. Ja. Du schüttelst sie ab. Du hältst deinen Vorsprung. Du gehst immer noch einen Schritt weiter als notwendig wäre. Das ist deine Masche. So bist du gestrickt. Morgen früh lacht Frau Sonne vom Himmel. Und alles ist wieder wie gut.

5. August 2021

Küsschen

Entschuldige bitte, da macht etwas Klick. Das ist doch nicht möglich. Nein. Ich bin irritiert. Aber es kommt mir so vor, als seien wir uns schon einmal begegnet. Als hätte ich all die gestriegelten Worte schon damals zum Teufel gewünscht. Das würde mich treffen. Du. Das brächte mich um. Also das mit der Wiedergeburt, allerhand, ist wirklich nicht unbedingt ein Geschenk.

6. August 2021

Freak

Offen gesagt, ich mochte dich nie. Du warst mir
zuwider. Ich weiß nicht, warum. Aber das hat sich
geändert. Ich schwimme im Strom. Ich verzichte
auf Plastik. Ich träume vegan. Ich hatte im Leben
noch nie so viel Sex. Und Vergnügen daran. Es
macht fast den Anschein, als säße ein Fremder in
meinem Gehirn. So mach doch was. Herzchen.
Schlag schneller. Ich bin dein Geschöpf.

7. August 2021

Meister

Mozart kennt keine Gnade. Vergiss mich. Du be-
mühst dich vergeblich. Du schlägst Mozart auch
mit dem Hammer nicht tot. Er blutet. Er lächelt.
Er zeigt mit dem Finger, dem in der Mitte, auf
dich. Mozart verfolgt kein Interesse. Er kommt
ohne dich klar. Du hast deine Chance vertan. Die
planschen im Dünkel. Die knabbern am Gold.
Parfümierte Claqueure, sie bleiben dir treu.

9. August 2021

Ballerina

Es geht nicht um Leistung. Du bist ein Fantast. Was zählt, ist die Beute. Ob du es ins Ziel schaffst, hängt nur davon ab, wer dich tritt. Du sonnst dich im Regen. Du wirkst sehr gefasst. Das ist gewagt. Du hast dich dem Schicksal ergeben. Hauptsache Quote. Mein Freund. Sie ist die Brandstifterin. Da fällt die Entscheidung nicht schwer.

11. August 2021

Verweigerer

Es sieht schlecht aus für dich. Du bist ein Verlierer. Du bleibst auf der Strecke. Die Gene entscheiden das Rennen für sich. Sie fallen der Statik eben nicht auf die Nerven. Das macht sie zu Göttern. Das ist ihr Trumpf. Der Einzelfall wird sorglos entsorgt. Wir lassen uns los, bevor du mir deine Hand reichen wirst. Wir kehren nie wieder heim.

12. August 2021

Follower

Woanders ist es immer schöner. Die fremden Arme kennen dich. Sie lassen keine Wünsche offen. Sie wissen, dass du sie dafür bezahlst. Du bist der Kunde. Du parierst. Du richtest dich in deinem Fernweh ein. Du sammelst Blüten. Du marschierst. Du hängst an der Maschine. Freund. Sie trinkt dein Blut. Du hältst sie warm. Dann läuft sie wie geschmiert.

13. August 2021

Feedback

Du redest zu viel. Du redest zu wenig. Die Nacht war, wie immer, zu kurz. Du bist zu besoffen. Sie wird dich nicht trösten. Sie hat andere Pläne. Sie lässt dich im Stich. Du machst dir Gedanken. Das Angebot steht. Das Pflaster ist schlüpfrig. Du sprichst vor dich hin. Der Klang deiner Schritte. Er widert dich an.

14. August 2021

Polizei

Sehnsucht ist schwindelerregend. Durchforste die
Nacht. Ich bin auf der Suche nach dir. Du bist so
viele. Der eine bist du. Ich muss deinen Körper
berühren, um dich zu verwechseln. Es sind diese
Blicke. Nein. Sie sprechen sich aus. Du machst
dir nichts vor. Zeit ist knapp. Wir können uns
einfach nicht satt essen an ihr.

17. August 2021

Killer

Die Gefahr lauert. Das ist selbstverständlich. Ich riskiere mein Leben. Zu was wäre ich sonst in der Lage. Wir sind verbündet. Wir gönnen uns diese Runde Verrat. Und ehrlich gesagt, macht mich die Vorstellung scharf, dass du bereits frischerem nachjagst. Wir wickeln die Träume bedenkenlos ab. Du bist einfach unmöglich. Das zählt. Nur das nehme ich ernst.

18. August 2021

Meute

Ich lebe von Irrtümern. Sie versorgen mich gut. Sie schenken mir schlaflose Nächte zum Trost. Ich habe meine Verzweiflung im Griff. Das kann sich natürlich jederzeit ändern. Ich setze auf Fallen. Ich lege mich rein. Ich achte darauf, die Geduld mit mir nicht mit der Zeit zu verlieren. Ein gebrochenes Rückgrat. Es schlägt keine Räder. Das allerdings stimmt. Dir schreibe ich, Geilheit, ohne erkennbaren Grund.

19. August 2021

Angst

Mag sein, dass du dich sicher fühlst im Neonlicht der Glasfassaden. Wo jedes Lächeln sich nach Anerkennung sehnt. Ich bin bereit. Ich bin dir auf den Fersen. Du weißt, ich kenne deine dunklen Stunden. Dort warte ich auf dich. Erstaunlicher. Du bleibst mir treu. Mich wirst du nicht enttäuschen. Ich fordere von dir, was uns gehört, zurück.

20. August 2021

Flucht

Dein Urteilsvermögen ist wesentlich schneller als deine Gedanken. Das macht dich verlegen. Das bringt dich groß raus. Kein Mensch sieht dir an, wie durchtrieben du träumst. Du greifst nach den Sternen. Sie leuchten. Sie brennen. Sie zahlen die Zeche. Sie machen dich stark. Du nennst sie die Schwachen. Gebrochene Worte. Nur wird sich das ändern, schon während du schläfst.

21. August 2021

Psycho

Es spricht mächtig dafür. Es spricht so viel da-
gegen. Du musst dich nicht heute schon fest-
legen. Freund. Das Ganze. Das Leben. Es steht
dir zur freien Verfügung. Du bist der Vollstrecker.
Du eroberst die Welt. An dir führt kein Weg
vorbei. Der Tod allerdings findet wenig Gefallen
an dir. Er nimmt dich mit, weil es sein muss. Er
nämlich hätte sich eine Entscheidung gewünscht.

24. August 2021

Klima

Du kennst deine Schwächen. Du kennst deine
Stärken. Du besitzt einen Plan. Das bewundere
ich. Du bereust deine Fehler. Das war sicher
nicht leicht. Das hat lange gedauert. Aber morgen
geht's los. Ganz bestimmt. Ganz bewusst. Morgen
ändert sich alles. Du stehst kurz vor dem Durch-
bruch. Mach dir keine Gedanken. Du kannst eine
weitere Nacht davon träumen.

25. August 2021

Prämie

Ich verurteile dich. Du haust in der Schleife. Du suhlst dich im Sumpf. Die Worte, die stummen, sie entlasten dich nicht. Sie machen mich mürbe. Sie sind eine Qual. Warum hältst du nicht einfach den Mund. Wir begegnen uns bleibend nur einmal in Leben. Das ist mein Gesetz. Das erfüllt mich mit Hoffnung. Sieh zu, wie du damit klarkommst.

26. August 2021

Streik

Steh auf. Du hast nichts zu verschenken. Jeder Augenblick zählt. Egal, wie es sich anfühlt. Du bist an der Reihe. Also halte dich gerade. Dein Schicksal ist mächtig senil. Und der Zufall schläft seinen Rausch aus. Der schnarcht. Dem ist dein Hunger egal. Also raus. Vor die Tür. Und lass dich nicht täuschen. Erfolg ist ein garstiger Zwerg unter vielen.

27. August 2021

CSD

Sie werden vertröstet. Sie wurden verleugnet. Sie werden geprügelt. Betrogen. Gejagt. Sie sind nicht zu bezähmen. Sie verschmähen ihr Grab. Sie tanzen dir grell auf der Nase herum. Sie würden dich niemals, nie wieder um irgendwas bitten. Die luftigen Feiertagsreden. Du kannst sie dir sparen. Sie stoßen mich ab. Klare Kante. Mein Wort. Jede Form von Anpassung schließe ich unbedingt aus.

28. August 2021

Sieben

Ich falle. Wie aus allen Wolken. Kein Wunder. Es regnet Bananen. Mein Magen dreht sich im Kreis. Ich weine. Ich lache. Der Aufschlag ist derb. Ich spreche laut vor mich hin. Die Bilder. Sie mögen sich gleichen. Sie stimmen nie überein. Ich lebe. Ich stelle Genugtuung fest. Keine weiteren Pläne. Nein. Ich fasse mir glatt an die Stirn. Idiot. Das ist ziemlich schräg.

31. August 2021

Asyl

Es gibt Wünsche, die tragen den Goldring am
Daumen. Die erinnern dich gleich bei der Ankunft
daran, dass der Horizont ausnahmslos wandert.
Solche Gelegenheiten. Du. Sie besitzen Charakter.
Sie brechen das Eis. Sie wildern. Sie duften nach
schwarzem Kaffee. Das ist perfekt. Sie verkaufen
dir grinsende Steine. Du hast nichts zu erwarten.
Du bist immer willkommen. Die ruchlosen Hände.
Ihr Wächter. Sie tragen euch fort.

1. September 2021

Haut

Mein Leben braut sich zusammen. Die Zutaten wehen von überall her. Ich bin ein Gemisch. Du. Ich schwebe. Ich habe nicht vor, mich dem Sog zu entziehen. Ich setze Akzente. Ich sage dir alles auf einmal. Ich bringe die Dinge nie auf den Punkt. Das wäre doch albern. Und gegen jede Vernunft. Eindeutig ja. Ich bin ständig verliebt. Ich schließe keinen Vertrag mit der Macht.

2. September 2021

Fun

Du willst dich verkriechen aus Sorge um deine Entschlusskraft. Greif zu, du bist an der Reihe. Solche Hänger verschenke ich gern. Wer immer dir nachstellt, wird dich auch morgen belämmern. Du musst dir gar nichts beweisen. Mein Freund. Der Laden bleibt heute geschlossen. Die keim- freie, ehrlose Zeit. Du verbringst sie in bester, in meiner Gesellschaft. Gewöhn dich daran. Das ist eine reine Formalität. Besser als Rumrennen und dafür zu blechen.

3. September 2021

Krebs

Hände weg. Hier wird nicht ins Kissen gefurzt. Ich trage mein Herz auf der Zunge herum. Ich bin der leibhaftige Irrtum. Ich empfinde Vergnügen daran, mich zu verlaufen. Dich besuche ich nachts; jede Nacht. Ich treibe dir Schweiß ins Gewissen. Das ist meine Bestimmung. Nein. Du wirst mich nicht fangen. Also bleibst du wohl besser bei dem, was du kennst.

4. September 2021

Europa

Flink ist die Zunge. Naja. Das hat Tradition. Du beglückwünscht, du feierst dich selbst. Denn für jedes Verbrechen findet sich eine Erklärung. Du beschwörst deine Tugend, die tote, mit Macht. Du präsentierst deine Beute in zoologischen Gärten. Deine Eitelkeit stinkt. Ein Blume im Knopfloch. Sie verströmt den Geruch der Verwesung. Du hast dich verschanzt. Du weißt es noch nicht. Du bleibst ein vertrockneter Anachronismus.

7. September 2021

Brandung

Halte dich gerade. Rückzug ist keine Option. Ich bin mit dem, was mir zusteht, zufrieden. Ich liebe. Ich stoße dich kalt aus dem Nest. Die Armen, sie schlafen auf Wolken. Sie büßen die Schuld ihrer Träume schon jetzt. Das Paradies, Freund, ist ein Knast für Verdammte. Ich nehme. Ich laufe mich reich. Ich hake nicht nach. Ich teile mein Leben. Wortwörtlich. Meistens.

8. September 2021

Blase

Die Wände. Sie lassen dich auflaufen. Sie bleiben stur bei der Sache. Sie mögen es gar nicht, dass du ihnen ununterbrochen den Hof macht. Sie mussten im Laufe der Jahre weit größeres Elend mit ansehen, als du ihnen vormachen kannst. Warum gehst du nicht einfach raus vor die Tür und verschaffst den Tapeten, den bleichen, ein paar Stunden Entspannung. Verdammt. Das wäre dein Wunder.

9. September 2021

Korb

Leitkultur ist ein Geschenk von höherer Stelle. Sie hat sich bewährt. Nein. Sie kennt keine Skrupel. Sie schmiegt sich um jeden beliebigen Hals wie eine Schlange. Der Verschluss steckt im Nacken. Die Eitelkeit wärmt deine Haut. Sie raubt dir die Orientierung. Sie zuckt nicht mit der Wimper. Wer diese Vorlieben kennt, weiß das und macht sich schnellstens vom Acker.

10. September 2021

Flut

Ich schenke dir keinen Regenbogen. Das ist ein Versprechen. Ich stehe im Weg. Ich nehme das Wort in die Hand. Ja. Wir bewegen die Zeit. Sie verliert erst mit uns ihre Bedeutung. Die Richtung ist dabei völlig egal. Du wirst mich verwandeln. Du bist der Skandal. Das ist wahr. Und Niemand sagt mir, was ich zu tun habe.

11. September 2021

Break

Du steckst fest. Zeit für Veränderung. Den trockenen Lappen. Ihn wringst du nicht aus. Das ist ein Zitat. Ich gebe es dir mit auf den Weg. Du rackerst dich ab. Du machst mich verrückt. Du erwartest ein Zeichen. Du verpasst deine Chance. Die Hoffnung bleibt käuflich. Sie wechselt ständig ihr Pferd. Du steckst fest. Arme Sau. Das ist dein Startkapital. Mach was draus, Rocker. Bring mich in Schwung.

14. September 2021

Mustang

Sicherer wäre es schon. Das ist wohl wahr. Aber der künstliche Weg lässt mich kalt. In lauwarmem Wasser hänge ich einfach nur ab. Du. Ich würde halluzinieren. Ich gäbe dich auf. Das führt zu ernsten Problemen im Schritt. Ich weiß, wovon ich da rede. Ich habe alles versucht. Nichts hilft. Ich bin unheilbar verschossen. In dich. Ich kehre ans offene Feuer zurück.

15. September 2021

Mief

Du schwitzt. Du bist das willkommene Opfer. Du bleibst heute zur Vorsicht im Bett. Chips, Cola und Wolldecken betten dich gut. Denn was du dir draußen so alles einfangen könntest spricht unzählige Sprachen. Überall lauert Gefahr. Du hast nie die passende Antwort parat. Also lehn dich zurück. Meine Schulter ist weich. Wir halten uns lieber an Filme, die wir bestenfalls mitsprechen können. Stumpfsinn beruhigt.

16. September 2021

Glatze

Du beherrscht sämtliche Schlagzeilen. Das muss man dir lassen. Es gibt kein Entrinnen. Die Latte, die steife, liegt hoch. Alle Achtung. Durststrecken werden zur Regel verklärt. Friss oder stirb. Das ist deine Erzählung. Sie hat dich bezwungen. Sie macht dir das Leben zur Hölle. Sie allein bleibt sich treu, solange du an ihr festhältst. Nichts in Sicht. Doch Ersatz findet sich immer.

17. September 2021

Bäume

Gib nicht auf. Jeder Versuch rettet ein Leben. Es braucht keine übernatürlichen Kräfte dazu. Meine Seele geht barfuß aufs Eis. Sie ist unsterblich in deine Stimme verliebt. Also lass von dir hören. Die Antwort. Sie verpflichtet zu nichts. Sie verwandelt die Träume in Nahrung. Das ist eine handfeste Sache. Das bewahrt uns vor dem Ersaufen. Alle Wurzeln, sie fangen das Licht.

18. September 2021

Peanuts

Sei nicht so selbstzufrieden. Was dir da auf die Schulter klopft, das ist die pure Angst. Sie sehnt sich immer nach Gesellschaft. Sie klappert listig mit den Zähnen. Sie lullt dich unerschrocken ein. Sie zwingt dich auf den Laufsteg. Na. Und wer dir dabei zusieht, Freund, der wird dich ungeheuer leicht verwechseln können. Du fickst im Knast. Du hast dich damit abgefunden, das macht dich äußerst attraktiv. Für Mücken.

21. September 2021

Beton

Dein Grinsen spricht Bände. Du spielst mit der Sorge. Du kennst keine Scham. Die Fresssucht pflanzt ungerührt Zweifel in offene Träume. Und genau das, Löwenherz, ist unser Trumpf. Wir sind nämlich viele. Du hast dich geirrt. Wir sind da. Wir lassen uns nicht weiter vertrösten. Wir reißen das Maul auf. Wir brechen dein Schweigen. Von nun an nimmst du dich wohl besser in acht.

23. September 2021

Provokateur

Was mich erwartet bleibt unklar. Ich denke. Jede
Konstellation ist mir recht. Ich setze alles auf eine
Karte. Nein. Es braucht dazu keinen besonderen
Grund. Ich koche vor Wut. Ich gebe mich niemals
geschlagen. Du. Das ist eine Warnung. Ich liebe.
Begehre. Tiefschläge heizen mich an. Ich rate dir
davon ab, mir zu gehorchen. Sonst werde ich dich
übersehen.

25. September 2021

Gläsern

Ich liebe Fassaden. Ich atme den Glanz. Wer auch immer sich hinter den Wörtern verbirgt; ich kann es nicht wissen. Ich treibe mich rum. Sonnenklar. Ich scheue jede Konfrontation. Und der schlichte Gedanke, dass wir uns nie wieder über den Weg laufen werden, macht jeden Alltag zum Fest. Du. Das hat Klasse. Mein Freund. Ganz bestimmt.

28. September 2021

Wand

Alle Achtung. Kopf hoch. Du ballst deine Fäuste. Du zeigst mir den Rücken. Die Eintänzer fluchen. Sie weiden dich aus. Das ist kein Verbrechen. Das ist ein Gesetz. Sie bescheren dir Wollust. Erinnere dich. Denn alles läuft ewig und irgendwie weiter. Ach nein. Gott bewahre. Du hast nicht vergessen, was dich bewegt. Du, auf mein Wort, du wusstest es nie.

30. September 2021

Modus

Du gibst dir viel Mühe. Das erkenne ich an. Doch einschüchtern, Wächter, wirst du mich nicht. Ich bin nämlich fürchterlich zäh. Verlass dich darauf. Ich nutze dein Schweigen. Ich schlachte es aus. Die Stille. Die Unersättliche, sie macht meinen Wörtern erst Beine. Noch einmal. Ich lebe den Zweifel. Das ist eine Gabe. Sie macht mich zum Stier. Sie wurde mir mit in die Wiege gelegt.

2. Oktober 2021

Aladin

Lilien

Hoffnung, sie badet die Seele im Mondlicht. Sie duftet nach frisch geschnittenem Gras. Sie rührt dich zu Tränen. Sie küsst deine Wange. Sie stellt keine Fragen. Sie befällt dich wie Akne. Freiwillig gibt sie mich nie wieder her. Nein. Keine Ahnung, warum das so ist. Allein, wenn ich die Augen ganz lässig vor Konsequenzen verschließe, dann werde ich diese motorische Lähmung wohl endgültig los.

5. Oktober 2021

Faden

Was soll ich mit dir. Du hattest die Wahl. Du hast dich entschlossen. Du kauerst im Nest. Du gehst ungerührt über Leichen. Du bleibst ein Phantom. Die schlaflosen Nächte; sie beugen mich nicht. Ich bestimme die Regeln. Ich setze den Punkt. Alles, was Namen trägt, steht zur Disposition. Das ist echt. Jederzeit. Beruhigungsmittel schlage ich vorsätzlich aus. Auch vegetieren ist keine Option.

7. Oktober 2021

Leere

Ich kenne dich gut. Du bist schwach. Du wirst das Unmögliche tun. Es ist dein Durst. Er bleibt die bestimmende Kraft. Das wissen wir beide. Die Stärkeren fallen zurück. Sie strecken die Waffen. Sie ruhen sich aus. Bequemlichkeit hält sie in Schach. Mensch. Du kennst keine Grenzen. Das ist Realität. Sie vertraut sich dir an. Und wenn du mich nur messerscharf anblickst; so weckst du den Teufel in mir.

9. Oktober 2021

Motor

Ich bin dein Vergnügen. Ja, ich lade dich ein. Ich lasse dich tanzen. Ich gebe dir recht. Du kannst nicht gewinnen. Es sieht nur danach aus. Ich greife dir tief in die Tasche. Ich schleiche auf Spitze durchs Haus. Ich bin dein Versagen. Ich peitsche dich wach. Ich höre dich stottern. Das ist ein Erlebnis. Ich nehme mir alles. Ich kenne jedes Versteck.

12. Oktober 2021

Suppe

Wir tappen im Dunklen. Das ist ein Geschenk. Die strahlende Reinheit der Floskeln. Sie ödet mich an. Ich kann mir nicht helfen. Wer immer du bist. Erwarte das falsche, das schlüpfrige Wort. Es brennt auf der Zunge. Es rührt mich zu Tränen. Mach voran. Zieh weiter. Sie wird dich beflügeln. Die köstliche Feigheit. Auf sie ist von jeher Verlass.

15. Oktober 2021

Spiele

Schon in der nächsten Sekunde wird alles vorbei sein. Das ist keine Drohung. Sie sind Parasiten. Die Träume. Sie laugen dich aus. Sie lassen dich fallen. Sie springen wortlos auf andere über. Du hast demnach nichts von Belang zu verlieren. Wie wäre es also, wenn du dich zur Abwechslung einmal mit dem begnügst, was du tatsächlich tust. Nur, um zu erkennen, wie vollkommen du bist.

19. Oktober 2021

Abriss

Es sind deine Augen. Sie lassen sich gehen. Sie schreiben Geschichte. Sie nehmen mich mit nach Paris. Das ist wahr. Oder an jeden beliebigen Ort. Sie schweben. Sie weben. Die zärtlichen Stunden. Sie halten den Abschied, den treuen, nicht fest. Die offenen, schneidenden Fragen. Sie stellen sich vor, wie verwundbar wir sind. Das macht uns zu Tätern. Mein Freund. Wir reisen ohne Gepäck.

22. Oktober 2021

Karriere

Der Rhythmus ändert sich. Ständig. Kein Angebot stillt deinen Durst. Du, die Leiter ist maßlos. Sie wackelt. Sie schwankt. Sie hält dich zum Besten. Nein. Sie macht dich kaputt. Dem pflichte ich ausdrücklich bei. Du wechselst die Richtung. Vergeblich. Ich bin nicht zu beherrschen. Ich lache dich aus. Du verlierst die Kontrolle. Ich setze den Hund vor die Tür.

29. Oktober 2021

Pech

Du bleibst der Gewinner. Ja. Du bist wahnsinnig schlau. Du schleichst in Pantoffeln ums Haus. Du wirst nicht ertrinken. Ich erkenne, du weinst. Du kommst mit dem Schrecken davon. Scheißegal, worüber wir reden. Scheißegal, wie lüstern du mir meinen Traum präsentierst. Dich allein werde ich niemals berühren. Das Fass ohne Boden. Nein. Nein. Es kostet dich all deine Kraft.

5. November 2021

Hafen

Dies ist mein Hochzeitsgeschenk. Ich schreibe
dich längst in den Wind. Der fackelt nicht lange.
Der trägt unsere Worte, die unfasslichen Geister,
gelassen davon. Und die Erinnerung an dich ver-
liert meine Spur aus den Augen. Das vertraut sie
in sternlosen Nächten der Mondsichel an. Die
allerdings zuckt mit den Schultern. Was immer
auch juckte da unten. Da hinten. Der himmlische
Zirkus. Er hat sich erledigt. Ich atme. Ich staune.
Tja. Leichter getan als gedacht.

12. November 2021

Gewissen

Ich mahle echt langsam. Ich baue darauf. Meine Sprache klingt hölzern und derb. Das ist keine Entschuldigung. Das ist mein Verhängnis, wenn du so willst. Ich hause im Widerspruch. Ja, ich lege es darauf an. Dir begegne ich manchmal im Traum. Doch das muss dich nicht ängstigen. Das lässt nach mit der Zeit. Stillstand, mein Freund, bedeutet den Tod. Und die Geschichten, die uns bewegen, bleiben. Unerzählt.

17. November 2021

Weiher

In jedem Gebüsch, das weißt du genau, hockt
deine Gelegenheit. Sie macht es dir wesentlich
leichter, als ich es mir ausmalen mag. Und die
dich im Freiflug begehren, sie beten den goldenen
Halbgötzen an, den du ihnen vollmundig vor-
stellst. Auch wir beide, Aladin, sind im Geschäft.
Dir erklärte ich meine Liebe. Sie berechtigt mich
dazu, dich Knall auf Fall zu verlassen. Bei vollem
Bewusstsein. Das ist dir entgangen. Da ist nichts
zu machen. Uns jedenfalls hast du verpasst.

25. November 2021

Freiflug

Du fühlst dich bestätigt. Du fühlst dich verarscht. Du stellst deine Ansprüche. Und die sind eben hoch. Du begrapscht deine Schenkel. Nur das hilft dir nicht weiter. Ich weiß doch, wie gern du vor anderen zappelst und an dir spielst. Deine Hände sind winzig. Deine Äuglein so rot. Ja. Du putzt dir die Zähne. Du wäscht dein Gesicht. Du. Die alte Geschichte. Nein. Du bemitleidest dich. Und jetzt kneifst du den Schwanz ein. Du heulst. Das ist Pech.

20. März 2021

Wut

Du hast mich also für verrückt erklärt. Ich trage
dieses Prädikat mit Stolz. Denn wenn du in den
Spiegel blickst, erkennst du meine Gier nach dir.
Das sind Minuten, die ganz einfach nicht vor-
übergehen wollen. Die dir den Atem rauben wie
mein Schweigen, das deine Lebenslügen übertönt.
Gleichgültig, wohin die Fantasie dich kraulend
locken mag. Ich werde dich bereits erwarten. Das
ist mein Recht. Und den Gestank nach nackter
Angst wirst du nie wieder los, mein Aladin. Ja, ich
bin schwul. Vor zweiundvierzig Jahren hat sich
der alte Gnom, wie du mich nennst, geoutet.

29. November 2021

Ballast

Es bringt dir nichts, dass du mich weiterhin verfolgst. Lass los. Geh heim. Die Illusionen heißen dich willkommen. Sie zeigen dir die weite Welt. Sie zahlen gut. Sie wählen dich zum König. Was willst du mehr. Du schläfst im Nest. Gebrochen. Feist. Behütet. Leb wohl. Die Wörter finden immer ihren Weg. Sie nämlich wollen ausgesprochen sein. Sie lassen dich zurück. Denn dir ist nicht zu helfen.

3. Dezember 2021

Erwartung

Ich begegne dem Fremden mit offenen Armen. Ich kann mich nicht einschüchtern lassen. Was sollte ich sonst mit all der Zeit anfangen, die uns so beharrlich im Weg steht. Ich rauche zu viel. Ich trinke. Ich fürchte mich vor der Nacht. Die langen Abende. Sie bereiten mir Furcht. Ich will das Unmögliche tun. Dir halte ich stand. Dazu brauche ich keine Erlaubnis.

8. Dezember 2021

Camerado

Fragen. Die offenen Fragen. Sie halten mich klein. Sie stellen sich danach. Sie gehen mir unter die Haut. Sie gaukeln meiner Fantasie ein Leben vor, das uns unmöglich schien. Falls dich die Antwort jemals treffen sollte, Glücklicher, genügt ein Blick in ihre leeren Augen, um zu erkennen: Das Urteil ist gesprochen. Du. Es spricht dich nie mehr frei. Mein Freund. Und selbst der Stille, die uns jetzt umwirbt, fällt nichts Verdächtiges mehr ein.

16. Dezember 2021

Fristlos

Es tut sich nichts. Die Wörter. Bleiben. Unerhört.
Sie sind. Maskiert. Sie stoßen sich an mir. Ich
baue vor. Ich richte mich auf stumme Nächte ein.
Die Ungewissheit ist mein Gast. Ihr Grinsen gibt
mir zu verstehen, wie sehr sie sich um mich
bemüht. Selbst, wenn sie jeder Bitte eisern wider-
steht. Oh ja. Ein freches Augenzwinkern nur; das
diesen Traum von deiner Scham erlösen würde.

21. Dezember 2021

Aladin

Nun habe ich genug von der Geschichte. Sie ist erzählt. Sie hat sich ausgetobt. Ich werde mich nicht wiederholen. Ich lenke meinen Blick nach vorn. Das klingt banal. Ich weiß. Dein Name hat sich eingereiht. Was soll ich machen. Liebster Freund. Mein Herz brennt lichterloh. Nichts hilft. Kein Wort. Kein Traum, der Traurigkeit erraten ließe oder Mitgefühl. Die Zeit, die mir noch bleibt, ist überschaubar. Das hat sie der Vergangenheit mit ihrem Hundeblick voraus.

28. Dezember 2021

Zunge

Auf immer. Auf ewig. Nur das ist gewiss. Irrtümer lösen sich laufend von selbst. Vor einer Sekunde noch, Löwenherz, warst du mir nutzlos und fern. Das ist das Schönste, das Reine an Wundern. Sie lassen nicht locker. Sie geben nie auf. Es braucht keinen Vorsatz. Eiszeiten treffen dich hinterrücks; ohne Gewähr. Wie der schale Geschmack seiner süffigen Phrasen; echt, nicht zu fassen, die geile Sau wimmert. Sie hat sich mit Handkuss verpisst.

7. Januar 2022

ARIA DA CAPO

Denn jedem Abschied
wohnt ein Zauber inne.

Schmalz

Ich bin dabei. Ich liebe dieses Spiel. Es nimmt mir die Entscheidung ab. Es fordert mich heraus. Es raubt mir jedes Recht auf Sicherheit. Das ist mein Stolz. Gelegenheit. Ich bin ein Teil von dir. Ich sehe deinen müden Augen an, wie sehr du mich dafür verachtest. Das weckt die Geilheit. Lust auf mehr. Ich zeige sie. Ich trage deine Schwäche mit mir aus. Ich schränke uns nicht weiter ein.

14. Januar 2022

Inhalt

Bravo **9**

Beileid **13**
Bonbon **14**
Bedenken **15**
Löwe **16**
Buhlen **17**
Orakel **18**
DEAL **19**
Level **20**
Neopren **21**
Marokko **22**
Mars **23**
Parasit **24**
Sorge **25**
Panik **26**
Hitze **27**
Trip **28**
Relax **29**
Matte **30**
Futon **31**
Dispo **32**
Grün **33**
Amazon **34**
Natron **35**
Bilanz **36**
Horoskop **37**
QR **38**
Granatapfel **39**
Easy **40**
Muse **41**

Absteige **42**

Stalking **43**

Selfie **44**

Spanner **45**

Showtime **46**

Öhrchen **47**

Schärfer **48**

Angeln **49**

Protein **50**

Sirenen **51**

Koma **52**

First Class **53**

Montag **54**

Plakat **55**

Eros **56**

Abitur **57**

Terror **58**

Fehler **59**

Bingo **60**

Anonym **61**

Kiste **62**

Teddy **63**

Küsschen **64**

Freak **65**

Meister **66**

Ballerina **67**

Verweigerer **68**

Follower **69**

Feedback **70**

Polizei **71**

Killer **72**

Meute **73**

Angst **74**

Flucht **75**

Psycho **76**

Klima **77**

Prämie **78**

Streik **79**

CSD **80**

Sieben **81**

Asyl **82**

Haut **83**

Fun **84**

Krebs **85**

Europa **86**

Brandung **87**

Blase **88**

Korb **89**

Flut **90**

Break **91**

Mustang **92**

Mief **93**

Glatze **94**

Bäume **95**

Peanuts **96**

Beton **97**

Provokateur **98**

Gläsern **99**

Wand **100**

Modus **101**

Lilien **104**

Faden **105**

Leere **106**

Motor **107**

Suppe **108**

Spiele **109**

Abriss **110**

Karriere **111**

Pech **112**

Hafen **113**

Gewissen **114**

Weiher **115**

Freiflug **116**

Wut **117**

Ballast **118**

Erwartung **119**

Camerado **120**

Fristlos **121**

Aladin **122**

Zunge **123**

Schmalz **127**

Veröffentlichungen bei BoD

28.11.2019
Freiers Gesichte
Lyrik – 76 Seiten

ISBN: 9783750420151

18.02.2020
Mollys Ausbruch
Lyrik – 88 Seiten

ISBN: 9783752877397

12.05.2020
Schnitters Fick
Lyrik – 96 Seiten

ISBN: 9783751930826

Weitere Texte und Videos:
https://peterpollmannrezitator.de

PS

Und melde Dich
auch nicht bei mir,
falls Du einmal ins
Hier & Jetzt
zurückfinden solltest.